Erfolgreiche Führung durch Kommunikation
Michael Lorenz
Dr. Saskia Lucht

I0464919

Michael Lorenz
Dr. Saskia Lucht

Erfolgreiche Führung durch Kommunikation

3. Auflage

Copyright © 2016, 2021, 2025
Michael Lorenz, Dr. Saskia Lucht, Autoren
grow.up. Managementberatung GmbH
Quellengrund 4, 51647 Gummersbach
lorenz@grow-up.de
Tel.: 02354/70890-0
www.grow-up.de
Redaktion: Ilona Haselbach, grow.up.
Managementberatung GmbH
Cover: Bilderstellung mit KI/ChatGPt

3. Auflage 2025

ISBN-13: 978-1523423682
Imprint: Independently published

Inhaltsverzeichnis

Vorwort

Gedacht heißt nicht immer gesagt, gesagt heißt nicht immer richtig gehört, gehört heißt nicht immer richtig verstanden, verstanden heißt nicht immer einverstanden, einverstanden heißt nicht immer angewendet, angewendet heißt noch lange nicht beibehalten.

Konrad Lorenz (1903-89)
östr. Verhaltensforscher, 1973 Nobelpr.

Für eine erfolgreiche Mitarbeiterführung ist die ständige Kommunikation zwischen Führungskraft und Mitarbeiter unablässig. Jedoch ist dabei entscheidend, wie kommuniziert wird. Nur die richtige Kommunikation führt letztendlich dazu, dass ein Mitarbeiter Ihnen als Führungskraft vertraut und in Ihnen einen wertvollen Ansprechpartner sieht. In diesem Buch aus der grow.up.-Reihe *Führung TO.GO.* erfahren Sie, wie Sie sich auf wichtige Gespräche vorbereiten, unterschiedlichen Gesprächspartnern begegnen und wie Sie in Konfliktsituationen vorgehen können.

Michael Lorenz   Dr. Saskia Lucht

Gummersbach, im Dezember 2025

Hinweis: Wir nutzen in diesem Buch männliche und weibliche Formen, ohne dass dies eine Bevorzugung oder Zurücksetzung einer Geschlechterform darstellen soll. Es ist in allen Ausführungen aber sinngemäß immer die männliche und weibliche Form gemeint.

Erfolgreiche Führung durch Kommunikation

Wie bereite ich mich am besten auf ein Gespräch vor?

In einer Führungsrolle gehören Gespräche zur täglichen Führungsarbeit dazu und stellen einen zentralen Erfolgsfaktor dar. Gute Gespräche bilden die Basis für eine erfolgreiche Zusammenarbeit.

Das Gespräch zwischen Führungskraft und Mitarbeiter dient dazu, Gedanken auszutauschen, Gefühle und Erwartungen mitzuteilen und Informationen zu vermitteln. Wichtiges Merkmal des Gesprächs ist das Prinzip der Partnerschaftlichkeit. Alle Beteiligten müssen sich gegenseitig ernst nehmen und akzeptieren. Neben der gesprochenen Sprache spielen dabei auch Mimik, Gestik und Körperhaltung eine große Rolle.

Wenn Sie wissen, dass Sie ein Gespräch oder eine Besprechung vor sich haben, ist es sehr wichtig, sich gut vorzubereiten. Es heißt nicht ohne Grund: Eine gute Vorbereitung macht schon 50 Prozent des Erfolgs aus.

Klären Sie zu Beginn organisatorische Fragen, stellen Sie sich auf die Person ein, überlegen Sie sich, was Sie erreichen wollen. Anfangen sollten Sie bei der Auswahl eines ruhigen und freien Raumes, wo Sie nicht gestört werden, sowie mit dem Abstimmen des Termins mit dem

Gesprächspartner. Machen Sie sich Gedanken über die Person, mit der Sie sich unterhalten werden und machen Sie sich Ihre Einstellung, Haltung und Meinung ihr gegenüber klar. Nur so können Sie vermeiden, durch eine unterbewusste Abneigung gegen diese Person das Gespräch zu gefährden oder durch starke Sympathie zu wohlwollend zu sein, womit Sie das Ergebnis ebenso gefährden würden.

Wichtig ist, dass Sie Ihre Ziele für das Gespräch bestimmen. Bevor Sie in ein Gespräch gehen, sollten Sie sich immer die folgenden Fragen beantworten können:

- Was genau will ich in diesem Gespräch erreichen?

- Was genau will ich in Erfahrung bringen, lernen und herausfinden?

- Was genau will ich bewirken?

Nur wenn Sie sich über diese Fragen im Klaren sind, können Sie in einem Gespräch zielgerichtet handeln.

Inhaltlich können Sie sich natürlich auch vorbereiten, indem Sie im Vorfeld etwas über das Thema des Gesprächs lesen und sich über die wichtigen Fakten und Daten informieren.

Außerdem gehört es zu einer guten Vorbereitung, sich eine nützliche Gesprächsstrategie zu überlegen. Hierfür können Sie sich auf der Basis Ihres Gesprächsziels genau überlegen, was passieren könnte und wie Sie jeweils reagieren könnten.

Eine solche Planung ermöglicht es Ihnen, im Gespräch flexibler zu sein. Im Folgenden sind die oben genannten

Punkte und noch weitere wichtige Vorbereitungsschritte in einer Checkliste zusammengestellt.

Checkliste: Gesprächsvorbereitung

Frage	Antwort
Zu welchem Thema führen wir das Gespräch?	
Welche Ziele habe ich?	
Welche Interessen verfolge ich?	
Was muss/was kann erreicht werden (minimal/maximal Lösung)?	
Welche sind meine wichtigsten Argumente?	
Welche Informationen fehlen mir? Woher bekomme ich sie?	
Was soll der Gesprächspartner aus dem Gespräch mitnehmen?	
Wer ist mein Gesprächspartner?	
Welche Ziele, Wünsche hat er? Wie stehe ich zu diesen?	
Welche Fragen müssen wir klären?	
Mit welchen Fragen, Widerständen, Gegenargumenten, Ängsten muss ich rechnen?	
Wie viel Zeit muss ich einplanen?	
Ist der Raum/die Ausstattung organisiert?	
Sind alle nötigen Unterlagen vorhanden/im Vorfeld verteilt worden?	
Welche Störungen können auftreten? Wie können wir sie vermeiden?	

Was sollte ich bei der Gesprächsdurchführung beachten?

Um ein Gespräch zielorientiert zu führen, ist es hilfreich, sich im ersten Schritt mit den einzelnen Gesprächsphasen vertraut zu machen.

1. Gegenseitige Begrüßung, Vorstellen aller Beteiligten und Schaffen einer angenehmen Atmosphäre.

2. Motivieren Sie Ihren Gesprächspartner durch die Hervorhebung der Ziele.

3. Prüfen Sie den Informationsstand der Beteiligten und die Benennung des zu besprechenden Themas beim Gesprächspartner (Sprechen wir über dasselbe?).

4. Klären Sie den Gesprächsverlauf: Geben Sie Informationen zum Gespräch und benennen Sie das Ziel. Welche Themen sind zu besprechen? Schlagen Sie eine Gesprächsstruktur vor.

5. Klären Sie, ob der Gesprächspartner Fragen hat.

6. Der Gesprächsbeginn beinhaltet die Informationsphase, stellen Sie daher an dieser Stelle offene Fragen (siehe Seite 20).

7. Es folgt die Diskussion oder auch die Argumentation, es wird nachgefragt und man prüft das gegenseitige Verständnis.

8. Schließlich fassen Sie die Themengebiete zusammen, nehmen also eine Auswertung vor und diskutieren die Ergebnisse. Dann leiten Sie die darauf aufbauenden Maßnahmen ab: Wer tut was bis wann?

9. Sie vereinbaren das weitere Vorgehen.

10. Sie bedanken sich für das Gespräch.

Mit dem Wissen über die einzelnen Phasen eines Gesprächs können Sie sich auch besser darauf vorbereiten, da Sie wissen, was Sie erwartet.

Um dem Gespräch einen *guten Start* zu geben, ist es oft angebracht, nicht gleich mit der Tür ins Haus zu fallen. Einige Tipps, die Sie schon bei der Begrüßung beachten sollten, sind hier hilfreich:

- Nachdem der Gesprächspartner begrüßt wurde, knüpfen Sie mit einem Smalltalk an; das ermöglicht eine erste Annäherung.

- Fangen Sie ein Gespräch positiv an. Loben Sie, das rückt Sie in ein positives Licht!

- Gestalten Sie das Gespräch aktiv. Sprechen Sie das eigentliche Thema an.

- Knüpfen Sie Kontakt. Sprechen Sie Ihren Gesprächspartner mit Namen an.

- Fragen Sie direkt nach, wenn Sie den Namen Ihres Gesprächspartners nicht verstanden haben.

- Klären Sie Bedenken und Fragen vorab.

Wichtig ist hierbei aber auch, dass Sie dafür sorgen, dass Sie während des Gespräches nicht gestört werden, denn der Gesprächspartner soll nicht das Gefühl bekommen, dass das Gespräch mit ihm unwichtig für Sie ist.

Um zu vermeiden, dass das Gespräch an Struktur und Zielorientierung verliert, ist es hilfreich, die Ziele, die Sie sich vorher gesetzt haben, während des gesamten Gesprächs im Auge zu behalten.

Klare Ziele ermöglichen frühzeitiges Eingreifen, falls sich die Situation im Sinne Ihrer Ziele ungünstig entwickelt. Deswegen sollten Sie sich immer wieder mal fragen, was Sie eigentlich erreichen wollten und ob Sie sich mit dem, was Sie tun, Ihren Zielen nähern oder sich vielleicht eher davon wegbewegen.

Zu Beginn eines Gesprächs ist es gut, wenn Sie ggf. gemeinsam gewisse Regeln vereinbaren.

1. Den Zeitrahmen festlegen.

2. Dokumentieren Sie Teillösungen und fertigen Sie eine Enddokumentation an. Legen Sie fest, wer ein Protokoll schreibt und wer eine Kopie davon erhält.

3. Begrenzen Sie die Redezeit und legen Sie Regeln für den Umgang miteinander fest.

4. Legen Sie die Prioritäten und Reihenfolge der zu besprechenden Themen fest.

Wie kann ich Gespräche für mich optimal nachbereiten?

Ganz gleich, welches Gespräch Sie führen, Sie sollten nicht darauf verzichten, diese Situationen für sich selbst als immer wiederkehrende Lernchance zu nutzen. Folgende Fragen werden Ihnen dabei helfen:

- Wie ist das Gespräch verlaufen, habe ich meine Ziele erreicht?

- Wie schätze ich selbst mein Gesprächsverhalten ein? Was war gut, was sollte ich ändern?

- Habe ich es versäumt, bestimmte Punkte anzusprechen?

- Gab es überraschende Momente im Gespräch? Warum haben sie mich überrascht?

- Habe ich nur Maßnahmen vereinbart, für die ich selber meine Unterstützung und Kontrolle zusichern kann?

- Was will ich für die nächsten Gespräche hinsichtlich Vorbereitung, Durchführung und Nachbereitung ändern?

Checkliste: Gesprächserfolg

Erfolgskontrolle des Gesprächs
War ich richtig vorbereitet?
Wenn nicht, was hätte ich besser vorbereiten können?
Konnte ich mein Ziel erreichen?
Wenn nein, warum nicht?

Waren meine Argumente durchdacht? War meine Argumentation richtig?

Wenn nicht, warum nicht?

Habe ich meinen Gesprächspartner überzeugen können?

Welches waren die entscheidenden Argumente?

Konnte ich die Vor- und Nachteile deutlich machen?

Gab es Widerstände? Wenn ja, welche?

Gab es Überraschungen für mich im Gespräch, unsichere Situationen?

War das Gespräch wirklich partnerschaftlich?

War mein Auftreten und Verhalten richtig?
Wenn nicht, was möchte ich daran ändern?

Manchmal weiß ich nicht, wie ich mit meinem Gesprächspartner reden soll. Wie finde ich das heraus?

In solchen Situationen sollten Sie sich die Frage stellen, wie Sie Ihren Gesprächspartner sehen. Sehen Sie ihn eher als Gegner oder gar als Ihren Feind? Sehen Sie ihn vielleicht als Menschen, dem Sie haushoch überlegen sind oder fühlen Sie sich ihm unterlegen? Es lohnt sich, sich einmal klarzumachen, mit welcher Grundeinstellung Sie einem Gesprächspartner gegenübertreten, da Ihre Einstellung immer auch die Art und Weise Ihrer Kommunikation beeinflusst.

Ihr Gesprächspartner bemerkt Ihre Einstellung sowieso, ganz unabhängig davon, wie Sie Ihren Gesprächspartner nun sehen oder sich ihm gegenüber fühlen, er oder sie wird es merken! Sie senden körpersprachliche Signale, die von anderen Menschen verstanden werden, auch wenn das beiden Gesprächspartnern nicht bewusst ist. Zudem werden auch Ihre Wortwahl und Ihr Tonfall von Ihrer inneren Einstellung dem Gesprächspartner gegenüber beeinflusst.

Für die eigene Einstellung dem Gesprächspartner gegenüber gibt es einen Königsweg: Es gilt, sich weder überlegen noch unterlegen zu fühlen, weder feindlich noch zu vertrauensselig zu sein. Versuchen Sie, ihn als gleichberechtigten Partner zu sehen, der genauso viel wert ist wie Sie, der genauso ein Recht auf seine eigene Meinung hat und der genau wie Sie, seine Stärken und Schwächen hat. Das ist natürlich nicht immer leicht, aber das Bewusstsein darüber ist oft der erste Schritt, etwas zu ändern.

Tipp: Erst verstehen, dann verstanden werden.

Wenn Sie wirklich einen Quantensprung in Ihrem gesamten Kommunikationsverhalten machen wollen, dann beherzigen Sie diesen Tipp: Versuchen Sie immer erst Ihren Gesprächspartner zu verstehen, bevor Sie versuchen, selbst verstanden zu werden.

Gehen Sie auf Ihren Gesprächspartner ein, versuchen Sie zunächst, Ihren Gesprächspartner wirklich zu verstehen. Dabei werden Ihnen Fragetechniken und aktives Zuhören helfen.

Versuchen Sie herauszufinden, was der andere wirklich meint und was hinter den Worten Ihres Gesprächspartners steckt. Versuchen Sie herauszufinden, was ihn wirklich bewegt und was er erreichen will mit dem, was er sagt. Erst wenn Sie das verstanden haben, erklären Sie Ihrem Gegenüber Ihren eigenen Standpunkt.

Wie verwende ich das Kommunikationsmittel *Frage* in Gesprächen?

Zuerst einmal …

Es gibt keine dummen Fragen, außer denen, die nicht gestellt werden!

Fragen sind der einzige Weg, gezielt Informationen zu gewinnen, das eigene Wissen zu erweitern, Ziele, Meinungen sowie Wünsche des Gesprächspartners zu erfahren und Gesagtes oder Gehörtes verifizieren zu können. Zudem wecken Fragen Sympathie, denn kaum besser als mit ehrlichen Fragen können Sie deutlicher signalisieren, dass Sie an der Meinung Ihres Gesprächspartners interessiert sind.

Wenn Sie sich in einer Situation befinden, in der Sie möglichst viele Informationen von Ihrem Gesprächspartner benötigen, gibt es ein Hilfsmittel anhand dessen Sie Ihre Fragen sukzessive konkretisieren können. Hier nutzen Sie die verschiedenen Frageformen wie einen *Fragetrichter*.

Abb. 1: Richtig fragen

Tipp: Fragen ist nicht gleich fragen!

Achten Sie bei den Fragen, die Sie stellen, besonders darauf, dass Sie ...

- diese einfach formulieren,
- keine Mehrfachfragen stellen,
- konkrete Fragen stellen,
- offene Fragen (W-Fragen) stellen,
- genau zuhören,
- bei allgemeinen und konkreten Fragen gezielt nachfragen,
- Suggestivfragen vermeiden,
- Begrifflichkeiten und Bilder des Sprechers aufgreifen und – wo nötig – klärend hinterfragen,
- den Gesprächspartner nicht ausfragen.

Auch wenn Fragen der Königsweg der Kommunikation sind, können Sie einen Gesprächspartner mit Fragen auch verärgern. Vermeiden Sie deshalb:

- Fragen, die blamieren.
- Fragen, die einen Vorwurf enthalten.
- Fragen, die eine Drohung enthalten.
- Fragen, die verunsichern.
- zu viele direkte Fragen.
- Warum-Fragen.
- Fragen, die manipulieren oder Verantwortung abwälzen.
- Fragen, die zur falschen Zeit gestellt werden.

Welche Fragearten gibt es?

Es gibt viele verschiedene Fragearten, die jeweils einen anderen Zweck erfüllen. Fragen können beispielsweise darauf abzielen, Informationen einzuholen oder aber auch motivierend auf das Gegenüber wirken. Um Ihnen einen Überblick über die verschiedenen Frageformen zu geben, haben wir Ihnen in der folgenden Tabelle die Wichtigsten zusammengefasst.

Checkliste: Frageformen - Wann frage ich wie?

Frageformen	Beispiele	Anwendungsgebiet
Offene Frage	„Welche Maßnahmen halten Sie für geeignet?"	• Gesprächsbeginn • Informationsgewinn • Fast immer einsetzbar
Motivierende Frage (offene Frage)	„Was sagen Sie als Spezialist zu diesem Vorschlag?"	• Atmosphäre schaffen
Informations-frage (offene Frage)	„Welche Weiter-bildungen haben Sie bereits gemacht?"	• Informations-sammlung zur Person/Sache etc.
Geschlossene Frage	„Können Sie mir die Unterlagen kopieren?"	• Steuerung des Themas • Gewünschte klare Positionierung, und kurze Antwort • Gesprächsabschluss
Kontroll-Frage	„Stimmen Sie meiner Überlegung zu?"	• Verständniskontrolle • auch Gesprächsende
Alternativ-Frage	„Sehen Sie die Möglichkeit..., oder gibt es...?"	• Entscheidungsfrage

Direkte Frage	„Haben Sie das Projekt vorbereitet?"	• Beschleunigung • Informationen
Rhetorische Frage	„Sie haben sich doch über den Anbieter informiert?"	• Indirekte Erwartungshaltung
Angriffs-Frage	„Wollen oder können Sie keine fehlerfreie Arbeit abliefern?"	• Diskussion anregen, aus der Reserve locken (vorsichtig verwenden)
Suggestiv-Frage	„Sie sind doch sicher auch der Meinung, dass...?"	• überzeugen, aber auch manipulieren

Die offene Frage

Wenn Sie beabsichtigen, ein Gespräch zu führen, in dem Sie viel über Ihren Gesprächspartner in Erfahrung bringen möchten und Ihr Interesse bekunden wollen, sollten Sie vor allem viele offene Fragen einsetzen. Offene Fragen sind W-Fragen, sprich Fragen, die mit einem *Warum, Wie, Wer, Wann, Was* beginnen. Auf offene Fragen kann man nicht nur mit *JA* oder *NEIN* antworten, sondern es bedarf einer etwas ausführlicheren Antwort. Diese Frageform können Sie in jeder Phase eines Gesprächs einsetzen; vor allem dann, wenn Sie Informationen gewinnen, vertiefen oder jemanden besser verstehen wollen. So können Sie Ihr Gegenüber besser verstehen, zum Nachdenken anregen und eine offene Atmosphäre schaffen. Sie dringen anhand von offenen Fragen gegebenenfalls sogar zu Gedanken, Wünschen und Vorstellungen des Gesprächspartners vor. Offene Fragen haben eine motivierende Funktion und sind deutlich zielführender als geschlossene Fragen (Fragen, die man nur mit JA oder NEIN beantworten kann).

Daher sollte Ihr Ziel sein, möglichst oft geschlossene Fragen in offene Fragen umzuwandeln. Hierdurch gelingt es Ihnen, den Gesprächspartner in eine bestimmte Richtung zu lenken, falls dies beabsichtigt ist, und Lösungen mit ihm gemeinsam zu erarbeiten. Durch die Formulierung von offenen Fragen ist die Akzeptanz der *gemeinsamen* Erarbeitung der Lösungen viel größer, als wenn Sie Ihren Gesprächspartner durch geschlossene Fragen zu beeinflussen versuchen.

Geschlossene Fragen

Wie Sie es sich bereits aus dem vorherigen Abschnitt erschließen können, sind geschlossene Fragen solche, die man nur mit *JA* oder *NEIN* beantworten kann. Ein Beispiel wäre: „Haben Sie sich für die Aufgabe ein Ziel gesetzt?". Ziel dieser Frageform ist es, gezielte, kurze Informationen über Meinungen, Sachen und Personen einzuholen. Sie sollten diese Frageform lediglich dann verwenden, wenn Sie eine bestimmte Information erhalten wollen oder wenn Sie sich bezüglich einer Verständnisfrage absichern wollen. Geben Sie darauf Acht, geschlossene Fragen nicht in Suggestivfragen umzuwandeln (z. B.: „Haben Sie nicht auch Interesse daran, unsere Mitarbeitersituation zu verbessern?"). Diese Form der Frage kann den Gesprächspartner bedrängen und ihn in eine unangenehme Lage versetzen. Merken Sie sich, dass geschlossene Fragen vor allem dann hilfreich sind, wenn Sie eine Absprache oder eine Vereinbarung zum Ende des Gesprächs besiegeln wollen.

Es ist ganz leicht, eine geschlossene Frage in eine offene umzuwandeln. Meistens reicht es, wenn man ein oder zwei
Wörter zu einer geschlossenen Frage hinzufügt. Um Ihnen ein
Beispiel zu geben: Sie können die geschlossene Frage: „War
der Bewerber gut?" ganz einfach in die offene Frage: „Wie
war der Bewerber?" umwandeln. Hierdurch vermeiden Sie
eine Beeinflussung durch Ihre eigene Meinung.

Wie nutze ich Fragen für meine Gesprächsstrategie?

Fragen sind wichtige Elemente Ihrer Gesprächsstrategie.
In den meisten Situationen machen Sie Ihrem Gegenüber
Argumente deutlicher.

Der erste Schritt: Bereiten Sie sich vor

Um die richtigen Fragen stellen zu können, ist es wichtig,
sich zunächst darüber im Klaren zu sein, was Sie mit dem
Gespräch eigentlich bezwecken wollen. Um das herauszufinden, helfen folgende Fragen:

- Was will ich mit dem Gespräch erreichen, geht es mir
  um Zusammenarbeit, Hilfe, Information etc.?

- Wer verfügt über welche Informationen oder wen
  muss ich fragen? Meinen Vorgesetzten, einen Kollegen, Mitarbeiter, etc.?

- Versetzen Sie sich in die Lage des anderen. Was sind
  seine Ziele? Was will er erreichen?

- Welche Fragen führen mich zu meinem Ziel?

- Wie kann ich meine Fragen formulieren, damit sie für alle Beteiligten zu den gewünschten Ergebnissen führen?

Der zweite Schritt: Stellen Sie Ihre Frage

Wenn Sie fragen, braucht Ihr Gesprächspartner Zeit, seine Gedanken zu ordnen, ehe er antwortet. Zeigen Sie eine positive Einstellung, wenn Sie an einem Austausch wirklich interessiert sind. Ablehnende oder kritische Untertöne in der Stimme machen auch eine Frage zum Angriff. Lassen Sie Ihren Gesprächspartner merken, dass Sie eine Antwort von ihm erwarten, suchen Sie den Blickkontakt und zeigen Sie ihm durch Ihre Stimme und durch Ihr ganzes Verhalten, dass Sie an seiner Einstellung und an seiner Antwort wirklich interessiert sind.

Der dritte Schritt: Hören Sie Ihrem Gesprächspartner zu

Die beste Frage nützt gar nichts, wenn Sie die Antwort auf die Frage nicht aufmerksam anhören. Gut zuhören erfordert Mühe und Konzentration. Menschen denken sieben Mal schneller als sie sprechen. Während wir zuhören, ist unser Geist unseren Ohren also häufig schon weit voraus. Das hat zur Folge, dass wir oft unwillkürlich unsere eigenen Ideen, Assoziationen und Werturteile in die Worte des anderen hineinprojizieren. Dabei könnten wir die Zeit viel sinnvoller nutzen, indem wir dem Gesprächspartner besser zuhören und uns aufgrund und nach seiner Aussage überlegen, welche Richtung wir dem weiteren Gesprächsverlauf geben wollen.

Ohne Zuhören gibt es keine Kommunikation

Wussten Sie, dass Führungskräfte 45 Prozent ihrer Zeit mit Zuhören verbringen, in Gesprächen unter vier Augen, in Konferenzen und am Telefon.

Beantworten Sie für sich die folgenden Fragen und finden Sie heraus, ob Sie ein guter Zuhörer sind:

- Sind sie lernbegierig?

- Haben Sie den Wunsch, etwas über andere Menschen, Orte, Dinge zu erfahren?

- Möchten Sie wissen, wie Mitarbeiter Ihre Fähigkeit zum Zuhören einschätzen?

- Versuchen Sie, sich aus dem, was Sie hören, die wesentlichen Punkte herauszusuchen?

- Achten Sie darauf, Ihren Gesprächspartner nicht zu unterbrechen?

- Können Sie der Versuchung widerstehen, die Sätze Ihres Gesprächspartners zu Ende zu führen?

- Öffnen Sie sich nicht nur den Worten, sondern auch den Gefühlen Ihres Gegenübers?

- Versuchen Sie, über Ihren eigenen Standpunkt hinauszublicken, wenn Sie sich ein Urteil über etwas bilden?

Wenn Sie alle oder die meisten Fragen mit *NEIN* beantwortet haben, lässt sich Ihre Fähigkeit auf diesem Gebiet noch deutlich verbessern. Der Philosoph Epiktet, der ein guter Beobachter war, drückte es so aus: „Gott hat uns zwei Ohren gegeben, aber nur einen Mund, damit wir doppelt so viel hören wie sprechen."

Der vierte Schritt: Werten Sie die Antworten auf Ihre Fragen aus

Noch während Sie zuhören, müssen Sie die Antwort verarbeiten und auswerten. Es kann sein, dass Sie noch weitere Fragen stellen müssen, um die Informationen zu erhalten, die Sie benötigen. Vielleicht brauchen Sie noch einige ergänzende Einzelheiten oder Sie müssen eine tiefergreifende Frage stellen, um einer Sache auf den Grund zu gehen.

Bleiben Sie also am Ball. Wenn Sie nach der ersten Frage aufgeben, ist das Gespräch vermutlich zu Ende. Hören Sie zu, machen Sie sich Gedanken über die Antwort und fragen Sie weiter, wenn nötig.

Fünfter Schritt: Reagieren Sie

Fragen machen sich dann bezahlt, wenn Sie aufgrund der Informationen, die Sie erhalten haben, auch handeln. Wenn Sie um Vorschläge bitten, diese dann aber im Weiteren nicht beachten, werden Sie irgendwann keine Ideen und Lösungen mehr von anderen bekommen. Das gilt für Kunden ebenso wie für Kollegen und Mitarbeiter. Wenn Sie Ihre Mitarbeiter zur Mitwirkung auffordern und ihre Anregungen dann nicht beachten, war Ihre ganze Vorbereitung umsonst.

Handeln kann heißen, eine Sache weiterzuverfolgen, die gewonnene Information für eine spätere Verwendung zu speichern (am besten schriftlich) oder konkrete Schritte einzuleiten.

Generell können Sie sich für jedes Gespräch merken:

Wer fragt, ...

- führt und steuert ein Gespräch.
- kommt schneller an den Bedarf, die Wünsche und die Probleme seiner Gesprächspartner.
- lernt seine Gesprächspartner besser kennen.
- kann sich auf seine Gespächspartner besser einstellen.
- kann auf Einwände besser und überzeugender reagieren.
- kommt schneller an die gewünschten Informationen.
- beweist sein Interesse.
- erweckt Sympathie.
- gewinnt Zeit.

Wenn Sie fragen, dann ...

- in einem ruhigen und deutlichen Ton.
- als klare Frage formuliert, nicht versteckt in breiten Ausführungen.
- denken Sie mit Ihrem Gesprächspartner weiter.
- nehmen Sie die Antworten wirklich auf.

Was bedeutet aktiv zuhören?

Zuhören ist nicht gleich zuhören. Sie können Ihrem Gesprächspartner zuhören, indem Sie einfach dem lauschen, was er zu erzählen hat. Ihr Interesse bekunden Sie damit jedoch noch nicht. Um Ihrem Gesprächspartner zu zeigen, dass das, was er Ihnen gerade erzählt, Sie auch wirklich interessiert, sollten Sie aktiv zuhören. Aktives Zuhören kennzeichnet sich dadurch aus, dass Sie beispielsweise Fragen stellen, Ihrem Gesprächspartner zustimmen sowie eine aufmerksame Mimik und Gestik zeigen und sich nicht anderweitig ablenken lassen. Durch aktives Zuhören erreichen Sie, dass Ihr Gesprächspartner sich weiter öffnet und bereit ist, Ihnen mehr Informationen zu geben. Die in der folgenden Abbildung aufgeführten Merkmale helfen Ihnen dabei, Ihr *Zuhör-Verhalten* zu reflektieren.

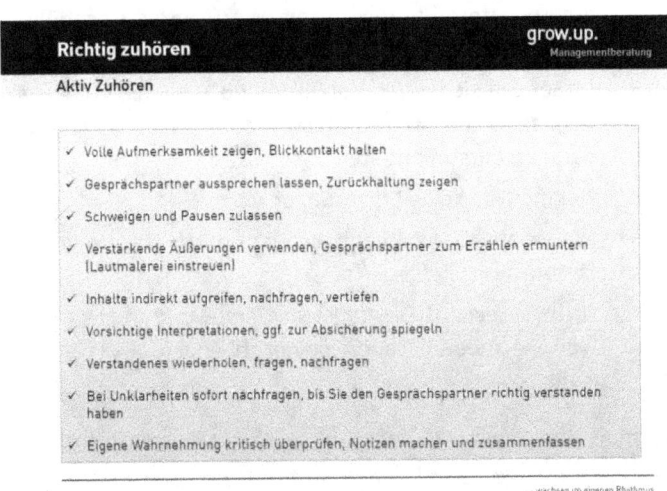

Abb. 2: Richtig zuhören

Die 10 Gebote des guten Zuhörens

1. Nicht sprechen - man kann nicht zuhören, wenn man spricht.

2. Den Gesprächspartner entspannen. Zeigen Sie ihm, dass er frei sprechen kann. Schaffen Sie eine erlaubende Umgebung.

3. Zeigen Sie, dass Sie zuhören wollen. Zeigen Sie Interesse. Lesen Sie z. B. während des Gesprächs keine Post. Zuhören dient dem Verstehen.

4. Stellen Sie sich auf den Partner ein. Versuchen Sie sich in seine Situation hineinzuversetzen, damit Sie seinen Standpunkt verstehen.

5. Zeigen Sie Geduld und nehmen Sie sich Zeit. Unterbrechen Sie Ihre Gesprächspartner nicht – seien Sie nicht *auf dem Sprung*.

6. Beachten Sie Ihre eigenen Emotionen – wenn Sie sich ärgern, interpretieren Sie die Worte Ihres Gegenübers eventuell falsch.

7. Lassen Sie sich durch Vorwürfe und Kritik nicht aus dem Gleichgewicht bringen. Erst zuhören, ggf. fragen und dann erst argumentieren.

8. Nehmen Sie keine Ergänzungen vor.

9. Die inneren Zusammenhänge ggf. durch Nachfragen erfassen.

10. Nicht sprechen! Dieses ist das erste und letzte Gebot, weil alle anderen Gebote davon abhängen.

Aktives Zuhören ist das Einfühlen, Aufnehmen und Widerspiegeln der gehörten Informationen durch den Zuhörer. Wenn Sie unaufmerksam sind, fühlt sich der Gesprächspartner nicht verstanden und öffnet sich nicht.

Genauso wenig ist Ihr Gesprächspartner bereit, Gründe und Zusammenhänge zu suchen oder zu nennen.

Aufmerksamkeit zeigen heißt:

- ruhiger, offener, bedrohungsfreier Blickkontakt.
- offene, zugewandte, entspannte Körperhaltung.
- ruhige, bedrohungsfreie, *echte* Stimmführung.
- nicht schon die Gegenrede im Kopf vorbereiten.
- vermitteln, dass man verstehen will und konzentriert ist.

Ermutigen können Sie Ihren Gesprächspartner, indem Sie:

- freundliche Gesten (Kopfnicken o. ä.) verwenden.
- *Türöffner* verwenden (*hmm, ja, aha, verstehe, interessant, so*).
- Pausen zulassen.
- gegebenenfalls nachfragen.
- Schlüsselbegriffe suchen und erneut aufgreifen.
- Beachten Sie auch nicht-verbale Äußerungen. Sprechen Sie sie an, wenn die Situation es zulässt.

Wie kann ich richtig argumentieren?

Argumentieren ist einfacher, wenn Sie mehr wissen. Wenn Sie Ihren Gesprächspartner wirklich verstehen, haben Sie viel bessere Möglichkeiten zum Argumentieren, denn Sie können die Gedanken Ihres Gesprächspartners wirkungsvoll in Ihre eigenen Aussagen einflechten. Wenn Sie Ihren Gesprächspartner genau verstanden haben, fangen Sie an, Ihre Argumente darzulegen. Jetzt sind Sie dran und wer das letzte Wort hat, entscheidet eine Situation oft für sich.

Gute Argumentation heißt, das Gespräch so zu führen, dass sich der Gesprächspartner selbst überzeugen kann. Beim Argumentieren können Sie folgende Reihenfolge beachten:

1. Zuerst fragen Sie und sammeln Informationen.

2. Drücken Sie Verständnis für die Position des Gesprächspartners aus.

3. Nehmen Sie eine Überleitung vor.

4. Argumentieren Sie.

5. Überprüfen Sie die Wirkung Ihrer Argumente.

Argumentation mit Strategie	grow.up.
Das KISS-Prinzip	Managementberatung

Warum kompliziert, wenn es auch einfach geht?

Keep it simple and stupid

- Aufnahmefähigkeit des Gesprächspartners nicht überfordern
- Verwendung von Beispielen
- Persönliche Erlebnisse anführen – sie können nicht widerlegt werden
- Emotionen des Gesprächspartners ansprechen

wachsen im eigenen Rhythmus

Abb. 3: Argumentation mit Strategie

Jeder Mensch möchte das Gefühl haben, wirklich verstanden zu werden. Wenn Sie Ihrem Gesprächspartner dieses Gefühl geben – und das tun Sie, wenn Sie fragen, wirklich zuhören und die Argumente des anderen aufgreifen – ist die Wahrscheinlichkeit sehr groß, dass auch Sie gehört werden. Viele Streitigkeiten entstehen nur, weil wir uns weigern, den anderen zu verstehen und von vornherein auf unserer Meinung beharren ohne wirklich hinzuhören, was der andere zu sagen hat. Wenn Sie Ihrem Gegenüber genug Raum geben, wird es vielleicht zu keinem Streit mehr kommen. Und denken Sie hier daran: jemanden zu verstehen heißt nicht unbedingt auch, dass Sie die Ansichten teilen oder damit einverstanden sein müssen.

Wie gehe ich wirkungsvoll mit Vielrednern um?

Sie werden sich sicherlich an Situationen erinnern, in denen Sie schon einmal das Gefühl hatten, *nicht zu Wort gekommen* zu sein. Es gibt nämlich Menschen, die sehr gerne reden und dabei mit ihrem Gesagten nicht immer wichtige Inhalte vermitteln wollen. Das müssen Sie jedoch nicht einfach über sich ergehen lassen. Es ist schließlich Ihre Zeit, die diese *Zeitdiebe* in Anspruch nehmen und Ihre Nerven, die dadurch strapaziert werden. Um Vielredner zu stoppen, gibt es verschiedene Rezepte:

Rezept 1:

Unterbrechen Sie einfach! Zwar ist es in der Regel unhöflich, jemanden im Wortfluss zu unterbrechen, jedoch ist es auch von diesen Personen sehr unhöflich, Ihre Zeit minutenlang in Anspruch zu nehmen, ohne Sie zu Wort kommen zu lassen. Doch auch beim Unterbrechen gilt: Der Ton macht die Musik. Sie sollten Ihrem Gesprächspartner lieber nicht sagen:

- „STOP! Jetzt haben Sie genug geredet! Jetzt bin ich dran...“

Es gibt eine bessere und höflichere Methode. Sagen Sie doch einfach in freundlichem Ton:

- „Warten Sie mal kurz! Ehe ich es vergesse ...“
- „Dazu fällt mir Folgendes ein ...“

Oder sagen Sie einfach zwischendrin:

- „Ja. Das ist ja genauso wie bei ...“
- „Dabei müssen wir auch beachten ...“

Es ist wichtig, dass Sie das, was Sie zu sagen planen, mit Nachdruck und Schwung tun. Sie sollten das Überraschungsmoment nutzen, um den anderen erst einmal in seinem Redefluss zu unterbrechen.

Rezept 2:

Langweilen Sie sich deutlich. Auch hier denken Sie vielleicht, das wäre unhöflich, aber wie schon gesagt: Jemanden tot zu reden, ist auch kein höfliches Verhalten. Schauen Sie aus dem Fenster. Kritzeln Sie auf einem Stück Papier herum. Spielen Sie gelangweilt mit einem Stift. Setzen Sie ein gelangweiltes Gesicht auf und schauen Sie Ihrem Gesprächspartner nicht in die Augen, denn das zeigt Interesse.

Was kann ich tun, wenn mein Gesprächspartner mich unterbricht?

Eine ganz einfache Antwort lautet hierauf: lassen Sie sich nicht unterbrechen! Voraussetzung hierfür ist natürlich, dass Sie nicht zu den Vielrednern gehören. Falls dies doch der Fall sein sollte, lesen Sie sich bitte den vorherigen Abschnitt etwas genauer durch.

In allen übrigen Fällen hat niemand es verdient, einfach unterbrochen zu werden. Falls dies doch einmal geschieht, haben Sie mehrere Möglichkeiten. Nutzen Sie eine der folgenden Formulierungen:

- „Warten Sie bitte... Lassen Sie mich das kurz noch zu Ende bringen ..."

- „Warten Sie bitte ... Einen Satz noch ..."

Mit diesen Formulierungen gelingt es Ihnen ganz einfach, die Menschen darauf aufmerksam zu machen, dass sie Sie jetzt gerade unterbrochen haben, ohne dass Sie jemandem auf den Schlips treten. Denn oft ist es den Personen gar nicht bewusst, dass sie Sie soeben unterbrochen haben.

Manchmal habe ich das Gefühl ich spreche zu lang, wie kann ich das ändern?

Wenn Sie dazu tendieren, zu monologisieren, kann es in der Tat passieren, dass Ihnen schon nach fünfzig Sekunden keiner mehr zuhört. Wenn Ihr Gesagtes zudem noch langweilig und monoton ist, wendet sich Ihr Gegenüber wahrscheinlich lieber seinen eigenen Gedanken zu und fängt an, sich zu langweilen, anstatt Ihnen weiter zuzuhören.

Wie können Sie dem entgegensteuern? Bemühen Sie sich, sich stets kurz zu fassen und die Inhalte, die Sie vermitteln wollen, möglichst verständlich, prägnant und nachvollziehbar rüberzubringen. Sie können die Aufmerksamkeit Ihres Gegenübers auch gut aufrechterhalten, indem Sie ihn immer wieder zu Wort kommen lassen und Fragen an ihn stellen. Hierdurch wird das Gespräch eher zu einem Dialog anstatt zu einem Monolog. Ein Dialog ist dadurch gekennzeichnet, dass beide Gesprächspartner einen Redeanteil haben. Der Vorteil im Dialog besteht auch für Sie darin, zu hören, was der andere zu sagen hat. Denn, was Sie sagen wollen und können, wissen Sie ja bereits!

Vielleicht kennen Sie das Sprichwort: *Zeit ist Geld*. Zeit ist das wertvollste Gut überhaupt und insbesondere im Geschäftsumfeld wird Ihnen jeder dankbar sein, wenn Sie mit diesem Gut schonend umgehen und die Zeit des anderen nur so lange in Anspruch nehmen, wie es nötig ist. Also gilt: Fassen Sie sich so kurz wie möglich und so erreichen Sie es, dass Ihnen jeder gespannt zuhört und wenn Sie dem anderen dann auch noch ab und zu das Wort überlassen, ist es eine Win-Win Situation.

Was mache ich, wenn ich die Person nicht sofort verstehe und Probleme habe, ihr zu folgen?

Wenn es Ihnen einmal passieren sollte, dass Sie etwas nicht verstehen, sollten Sie ganz einfach nachfragen, was der andere genau gemeint hat. Haben Sie keine Scheu. Ein Nachhaken bedeutet nicht, dass Sie unwissend sind oder vielleicht sogar nicht schlau genug, um den anderen zu verstehen. Es kann genauso sein, dass sich der andere missverständlich ausgedrückt hat. Ein anderer Grund könnte die unterschiedliche Vorerfahrung sein oder dass bestimmte Begrifflichkeiten noch nicht geklärt sind. Es ist aber in jedem Falle besser, nachzufragen, als einfach so zu tun, als hätten Sie den anderen verstanden. Denn das wird über kurz oder lang auffallen. Merken Sie sich: Nachfragen ist ein Zeichen von Interesse und einer offenen Persönlichkeit. Sie können ganz charmant nachfragen: „Eines habe ich dabei noch nicht so ganz verstanden ...". Durch die Verwendung des Wörtchens *noch* sagen Sie lediglich aus, dass Sie etwas noch nicht verstanden haben, es aber mit näherer Erläuterung bald verstehen werden. Die Wörter *eines* und *ganz* bedeuten dahingegen, dass Sie alles andere bereits verstanden haben und Ihnen nur noch dieser Teilaspekt fehlt. Andere Nachfragemöglichkeiten sind:

- „Was bedeutet xy für Sie?"

- „Wie meinen Sie ..."

- „Wie verstehen Sie ..."

Es gibt Menschen, die gerne und häufig folgende Sätze verwenden:

- „Wie jeder weiß, ..."

- „..., aber das wissen Sie ja bestimmt."

- „Da erzähle ich Ihnen ja nichts Neues."

Hiervon sollten Sie jedoch ganz unbeeindruckt bleiben. Derjenige versucht zwar, Sie davon abzuhalten, nachzuhaken, jedoch sollten Sie sich davon nicht abschrecken lassen. Oft steckt der Versuch dahinter, jeden Widerspruch im Keim zu ersticken, um keine unangenehmen Fragen zu erhalten. Sie sollten also erst Recht nachhaken.

Tipp: Fragen, fragen, fragen

Wenn Sie viele Fragen stellen, wirken Sie immer interessiert und wissbegierig auf andere. Das kann sich nur positiv auf Ihren Eindruck, den Sie bei anderen hinterlassen, auswirken. Beispiele für Fragen, die Sie stellen können, finden Sie im Folgenden:

- „Wie meinen Sie das genau?"

- „Können Sie das noch spezifizieren?"

- „Können Sie das noch etwas näher erläutern?"

- „Was darf ich mir darunter genau vorstellen?"

- „Wie soll das genau funktionieren?"

- „Das finde ich interessant. Können Sie mir mehr dazu erzählen?"

Es gibt einen schönen Spruch, der sagt: *Wer fragt, der führt.* Wenn Sie immer schön Fragen stellen, werden Sie schnell feststellen, dass Sie das Gespräch führen und der andere sich auf Sie einstellen muss, da er Ihre Fragen beantwortet.

Durch Fragen können Sie auch ruhig eine kritische Haltung einnehmen und nicht alles einfach bejahen, was andere sagen. Stellen Sie sich vor, dass Ihr Gesprächspartner sagt: „Über eines sind wir uns doch einig. Wir können nicht einfach neue Leute einstellen, um das neue Projekt zu bewältigen." Viele werden nun wegen des kleinen rhetorischen Tricks „Über eines sind wir uns doch einig ..." nicht mehr nachfragen. Jedoch sollten Sie gerade deshalb nachhaken. Sie könnten beispielsweise fragen: „Was würde denn passieren, wenn wir neues Personal einstellen?" Sie werden feststellen, dass Ihr Gegenüber Sie als Gesprächspartner auf Augenhöhe sehen wird und Ihnen gegenüber in Zukunft etwas vorsichtiger formulieren wird.

Wie kann ich erreichen, dass andere mich leichter verstehen?

Viele Menschen reden in so abstrakten Wörtern und Begriffen, dass man sich sehr anstrengen muss, um sie zu verstehen. Wenn Sie wollen, dass andere Sie verstehen, dann reden Sie in Bildern, geben Sie viele Beispiele und reden Sie in Metaphern. Beispiele und Metaphern transportieren eine Nachricht viel besser als eine abstrakte Erklärung. Achten Sie auch darauf, kurze Sätze zu formulieren und klar und deutlich zu sagen, was Sie sagen wollen. Das erleichtert das Verständnis.

Abschließend sind noch einmal die Punkte zusammengefasst, auf die Sie achten sollten, um ein positives Gespräch zu führen.

Checkliste: Erfolgreiche Gesprächsführung

Merkmal	√
Organisieren Sie einen ruhigen Raum.	
Stimmen Sie den Termin mit Ihrem Gesprächspartner ab.	
Stellen Sie sich auf Ihren Gesprächspartner ein.	
Bestimmen Sie Ihre Ziele für das Gespräch.	
Vergegenwärtigen Sie sich nochmal die einzelnen Gesprächsphasen.	
Legen Sie Gesprächsregeln fest.	
Hören Sie aktiv zu und fragen Sie, wenn Sie etwas nicht verstehen.	
Führen Sie einen Dialog mit gleichverteilter Beteiligung.	
Schützen Sie sich vor Monologen und Unterbrechungen.	
Beziehen Sie Ihr Feedback nur auf Leistungen, arbeitsbezogenes Verhalten und auf das Arbeitsumfeld. Vermeiden Sie die Persönlichkeit des anderen anzugreifen.	
Argumentieren Sie so, dass Ihr Gesprächspartner sich selbst überzeugen kann.	
Drücken Sie Wertschätzung und Annerkennung für den anderen aus.	
Nehmen Sie Denkanstöße, Wünsche und Vorschläge des anderen ernst.	
Sprechen Sie kritische Punkte klar und deutlich an und suchen Sie gemeinsam nach Lösungen.	
Sprechen Sie keine Vorwürfe und Schuldzuweisungen aus.	
Formulieren Sie, was Sie sich für die Zukunft wünschen.	
Gestehen Sie eigene Fehler und Versäumnisse ein.	

Merkmal	√
Fassen Sie gemeinsam besprochene Ergebnisse zusammen und dokumentieren Sie diese.	
Reflektieren Sie das gesamte Gespräch und bereiten Sie es nach.	

Wenn Sie sich an alle Tipps und Ratschläge halten, dürfte bei Ihren zukünftigen Gesprächen nichts mehr schief gehen.

Wie kommuniziere ich so, dass meine Mitarbeiter mich richtig verstehen?

Ihre Führungsarbeit erfolgt in der Mehrzahl der Situationen im direkten kommunikativen Austausch zwischen Ihren Mitarbeitern und Ihnen als Führungskraft. Sie geben Informationen weiter, verteilen Aufgaben und klären Fragen und Probleme. Vielleicht haben Sie dabei auch schon die Erfahrung gemacht, dass selbst nach einem Gespräch noch wichtige Fragen offen geblieben sind und Ihr Gesprächspartner Dinge ganz anders verstanden hat, als Sie sie eigentlich gemeint haben? Im beruflichen Alltag werden Sie es immer wieder erleben, dass die scheinbar so selbstverständliche und alltägliche Kommunikation im Grunde genommen sehr schwer ist und Ihnen Missverständnisse wahrscheinlich häufiger begegnen werden als gegenseitiges *richtiges* Verstehen. Sätze wie „Das habe ich nicht so gemeint.", „Das habe ich nicht so gesagt.", oder „Sie haben nicht richtig zugehört." sind nicht unbekannt. Damit Sie diese Sätze in Zukunft nicht mehr zu Ohren bekommen, sollten Sie als Führungskraft ständig darauf bedacht sein, Ihr wichtigstes Führungsinstrument, nämlich Ihr Kommunikationsverhalten, zu optimieren. Sie werden

Ihre kommunikativen Kompetenzen in jeder Gesprächssituation mit einem Ihrer Mitarbeiter benötigen.

In einem Gespräch tragen Sie immer die doppelte Verantwortung. Zum einen müssen Sie sicherstellen, dass Sie Ihre Gesprächspartner richtig verstehen, und zum anderen müssen Sie sich sicher sein, dass Ihr Gegenüber Ihnen zuhört und Sie richtig verstanden werden. Dabei kann Ihnen Folgendes helfen: ...

1. Verwenden Sie eine deutliche Sprache! Setzen Sie niemals etwas als selbstverständlich voraus!

- Vermeiden Sie Füllwörter wie: eigentlich, ich denke, sagen wir mal, etc.. Diese sind nur unnütze Satzveränderer, die die Verständlichkeit und Eingängigkeit Ihrer Aussage reduzieren.

- Vermeiden Sie den Gebrauch von Konjunktiven (ich würde, ich hätte). Entweder tun Sie etwas oder Sie lassen es. Sagen Sie nur Dinge, die Sie auch wirklich vertreten können!

- Wählen Sie immer kurze und präzise Formulierungen.

- Verwenden Sie einfache Formulierungen.

- Seien Sie zurückhaltend in der Verwendung von Fachbegriffen, Fremdwörtern und Abkürzungen.

- Achten Sie auch auf Ihr Sprechtempo – Pausen bei Punkt und Komma helfen ungemein.

2. Wählen Sie ansprechende Formulierungen!

- Versuchen Sie immer, lebendig zu sprechen. Verwenden Sie Metaphern, Beispiele und Bilder.

- Visualisieren Sie komplexe Sachverhalte, um deren Nachvollziehbarkeit zu erhöhen.

- Wählen Sie positive Formulierungen. Menschen verstehen sie leichter als negative Formulierungen.

- Versuchen Sie, während des Sprechens die Lautstärke zu variieren, um immer wieder die Aufmerksamkeit Ihres Gegenübers zu erzeugen.

3. Überzeugen Sie mit Hilfe von Formulierungen!

- Stellen Sie Ihre Kernbotschaften deutlich heraus. Aber beschränken Sie sich hierbei auf ca. drei Aussagen.

- Zeigen Sie deutlich den Nutzen und die Vorteile Ihrer Ausführungen auf.

- Bringen Sie immer nur ein Argument pro Aussage an. Zum einen gehen die anderen verloren, zum anderen verschießen Sie sonst Ihre ganze Munition.

4. Erreichen Sie ein nachhaltiges Verstehen!

- Fassen Sie nach wichtigen Punkten das Gesagte kurz zusammen, das erhöht das Verstehen bei allen Beteiligten. Auf diese Weise kann jeder feststellen, inwieweit das gegenseitige Verständnis gegeben und das weitere Handeln eindeutig ist. Mit der Zusammenfassung können Sie auch überprüfen, ob alle bisherigen Absprachen stimmig sind.

Wie erreiche ich eine gezielte Betonung meiner Aussagen?

Betonung und Verständlichkeit erreichen Sie u. a. über verschiedene sprachliche Stilmittel:

- Pause, Sprechtempo, Punkt und Komma

- Betonung einzelner Wörter oder Sätze

- Sprechlautstärke

Ein wesentlicher Schritt, um Betonung zu erreichen, ist die *Deutlichmachung* von Punkten und Kommata beim Sprechen. Punkte und Kommata stehen für Pausen, die Ihre Aussagen unterstreichen und Ihrem Gegenüber Zeit geben, Ihren Ausführungen zu folgen und Sie zu verstehen. Kennen Sie die Aussage *ohne Punkt und Komma*? Diese Art des Sprechens erschwert das Zuhören und Verstehen.

Pausen (Punkt und Komma) sind ein wichtiges Steuerungs- und Stilmittel beim Sprechen. Das Ziel gekonnter Pausentechnik ist, ...:

- Spannung aufzubauen.

- sich zu vergewissern, dass das Gesagte auch *sitzt*. Sie erlauben dem Zuhörer damit, dass sich das Gesagte an wichtigen Stellen *setzen* kann.

- die inhaltliche Gliederung deutlich zu machen.

- den Zuhörer neugierig zu machen.

- selber Möglichkeiten zum Innehalten und Weiterdenken zu haben.

- selbst erneut Luft zu holen und sich zu konzentrieren.

- Inhalte auf den Punkt zu bringen.

- Inhalte verständlich zu kommunizieren.

Pausen setzen

Setzen Sie eine halbe Sekunde Pause ein, wo im Text ein Komma stehen würde, ca. eine Sekunde Pause, wo ein Punkt hingehört und ca. 2-3 Sekunden Pause, wo ein Gedanke aufhört bzw. ein Absatz steht.

Den hörbaren Punkt setzen Sie mit einem deutlichen Absenken der Stimme mit anschließender Pause. Als leicht verständlicher Redner setzen Sie Punkte überwiegend am Ende einer Sinnaussage.

Punkte entstehen beim Sprechen dort, und nur dort, wo Sie diese bewusst setzen.

Punkt und Komma sind gleichzeitig Stilmittel, mit denen Sie Ihr Sprechtempo kontrollieren können. Bei einem zu schnellen Sprechtempo meinen nur Sie als Sprecher, Sie hätten viele Informationen rübergebracht. Der Zuhörer hatte jedoch kaum Zeit zum Verstehen. Zu schnelles Sprechen führt leicht zu Missverständnissen und mitunter fühlt sich der Gesprächspartner *an die Wand geredet*.

Bei zu langsamem Sprechen ist das Gegenteil der Fall. Ihr Zuhörer wird unaufmerksam und leicht gelangweilt. Engagement und Überzeugung fehlen.

Tipp

Grundsätzlich sollten Sie Ihr Sprechtempo an Ihren Gesprächspartner anpassen. Spricht dieser sehr zögerlich, sprechen Sie
langsamer, redet er sehr schnell, erhöhen auch Sie Ihr Sprechtempo.

Hierfür ist es hilfreich, den raschen Wechsel zwischen
schnell und langsam zu trainieren. Kombinieren Sie den
Tempowechsel je nach inhaltlicher Aussage – also mal
mehr, mal weniger Dynamik –, können Sie bezüglich Ihrer
Überzeugungskraft eine optimale Wirkung erreichen.

Ein weiteres wichtiges Mittel, um die Überzeugungskraft
zu stärken, ist die Betonung. Betonung meint, ein Wort so
zu sprechen, als wenn es *fett* gedruckt ist. Das Wort
bekommt Bedeutung und Bewertung. Betonung macht
Ihrem Zuhörer klar, was Ihnen wichtig ist. Überlegen Sie
sich gut, welche Wörter Ihnen wichtig sind, denn mit zu
viel Betonung verlieren sie wieder an Bedeutung.

Dauerhaft zu lautes Sprechen ist für den Zuhörer unange-
nehm. Es kann zu Spannungen, Abwehr und auch zu Ag-
gression kommen. Wer im Extremfall schreit, drückt
damit eigentlich nur aus, dass ihm die Argumente ausge-
gangen sind.

Sprechen Sie dauerhaft zu leise, wirken Sie auf andere
evtl. schüchtern oder unsicher. Zudem erfordert zu leises
Sprechen von Ihrem Gesprächspartner eine übermäßige
Konzentration. Zur Stärkung Ihrer Überzeugungskraft ist
ein Wechsel zwischen lauter und leiser ideal. *Lauter*
macht die Zuhörer wach und signalisiert Bedeutung.
Leiser kann ebenfalls heißen: jetzt besonders gut aufge-
passt, das ist wichtig.

Erfolgreiches Konfliktmanagement

Sie werden sicherlich auch mal Situationen erlebt haben, in denen die zwischenmenschliche Kommunikation nicht immer ganz reibungslos abläuft. Falsche Kommunikation kann schnell zu Missverständnissen und Konflikten führen.

Im folgenden Abschnitt möchten wir Ihnen einige Tipps mit auf den Weg geben, wie Sie in konfliktären Situationen durch die richtige Kommunikation überzeugen können und den Konflikt schnellstmöglich aus dem Weg räumen.

Wann liegt ein Konflikt vor?

Von einem Konflikt sprechen wir, wenn scheinbar unvereinbare Interessengegensätze vorliegen – das gilt sowohl allgemein, als auch für Verhandlungssituationen. Solange noch verhandelt wird, liegt also noch kein Konflikt vor, denn dann wird sich noch um eine Lösungsfindung bemüht. Findet sich nach langem Hin und Her aber immer noch keine Lösung und emotionalisiert sich die Situation aufgrund von Handlungs- oder Leistungsdruck bei mindestens einem der Beteiligten, dann ist der Konflikt da und Sie sollten sich darum kümmern. In der Regel sind die Kosten und der Aufwand für eine Konfliktlösung geringer als die Summe der negativen Auswirkungen.

Wie entstehen Konflikte und warum eskalieren sie?

Konflikte entstehen immer dann, wenn unterschiedliche Interessen, Erwartungen oder Motive bestehen, die nicht oder nicht klar ausgesprochen werden. Jeder Konfliktbeteiligte hat bestimmte Gedanken, Gefühle, Wahrnehmungen und Einstellungen, die sein Verhalten bedingen, die aber nicht offen zutage treten.

Das, was nach außen dringt, ist nur das Verhalten der Konfliktbeteiligten bzw. das, was sie aussprechen. So zeigt beispielsweise Person A ein bestimmtes Verhalten, das von Person B interpretiert wird. Auf Basis der Interpretation des Verhaltens (z. B. „A hat das nur gesagt, weil er mich ärgern will.") reagiert Person B auf das Verhalten von Person A feindselig. Person A wiederum sieht nur die feindselige Reaktion von Person B und interpretiert ihrerseits „B greift mich an – das werde ich mit gleicher Münze zurückzahlen". Wird über die Ursachen des Konflikts, nämlich die zugrundeliegenden unterschiedlichen Erwartungen und Motive, nicht gesprochen, bewegen sich A und B in einem Teufelskreis, der sich immer weiter hochschaukeln kann. Das Misstrauen auf beiden Seiten wird zunehmen und damit auch die Fehlinterpretationen der Beweggründe des Verhaltens der anderen Person. Wie Sie sehen, ist Kommunikation auch hier wieder das A und O.

Konflikte rechtzeitig erkennen

Konflikte, die nicht rechtzeitig erkannt und angesprochen werden, haben die Tendenz, zu eskalieren.

Abb. 4: Konflikte frühzeitig erkennen und bewerten

Abb. 4 macht die Stufen der Konflikteskalation deutlich. Klar erkennbar wird, dass es wichtig ist, früh zu handeln und eine weitere Eskalation zu vermeiden. Handeln bedeutet in diesem Zusammenhang, den Konflikt offen zu legen und zu lösen. Nur weil zwischen den Konfliktparteien im Moment *Ruhe* herrscht, heißt das nicht, dass der Konflikt gelöst ist. Konfliktlösung heißt, dass im ersten Schritt die Sichtweise und das Verhalten der Betroffenen hinterfragt werden muss. Die nachfolgende Checkliste bietet eine erste Einschätzung.

Checkliste: Sichtweisen in Konflikten

Standpunkt	Fragestellungen	Einschätzung
... des Betroffenen	Welche Gefühle habe ich (Angst, Wut)?	
	Habe ich mich unter Kontrolle oder lasse ich mich provozieren?	
	Was ist mein Ziel?	
	Welche Risiken sind absehbar?	
	Will ich den anderen überzeugen oder manipulieren?	
... des Konfliktpartners	Was hält der andere für wichtig?	
	Welche Gefühle hat er?	
	Welche Risiken könnte er sehen?	
	Was ist für ihn wichtig?	
	Was will er erreichen?	
... eines neutralen Beobachters	Wie würde ein neutraler Beobachter unsere Situation einschätzen/beurteilen?	
	Glaubt er, dass wir beide zu einer gemeinsamen Lösung finden wollen?	
	Wie verhalten wir uns?	
	Stehen unsere Ziele noch im Vordergrund oder geht es mittlerweile um die versteckten Konflikte?	

Woran erkenne ich einen Konflikt, wenn er nicht offen ausgetragen wird?

Es gibt bestimmte Symptome, an denen man erkennen kann, dass ein Konflikt vorliegt – auch wenn er unausgesprochen vor sich hin schwelt. Dazu gehören:

- Ablehnung, Widerstand: Ein Konfliktbetroffener versucht, den Konfliktgegner an seiner Zielerreichung zu hindern. Das kann auf verschiedene Arten geschehen. Z. B. können Arbeiten nicht mehr sorgfältig ausgeführt werden, Informationen nicht weitergeleitet werden, etc.

- Rückzug, Desinteresse: Beim Konfliktbetroffenen sinkt die Arbeitsmotivation und er verschließt sich.

- Gereiztheit, Aggressivität, Feindseligkeit: Wird dem Ärger nicht direkt Luft gemacht, bleibt er unterschwellig vorhanden und kommt in anderen Situationen zum Ausdruck.

- Mobbing, Gerüchte: Konfliktparteien versuchen häufig, die Gegenpartei schlecht zu machen oder zu behindern und sich gleichzeitig Unterstützung von Dritten zu suchen.

- Sturheit, Unnachsichtigkeit: Der Konfliktgegner wird als Schuldiger wahrgenommen, der dem Betroffenen persönlich *etwas will*. Durch die einseitige Wahrnehmung schwindet die Empathie und Bereitschaft, sich in die Sichtweise des anderen hineinzuversetzen.

- Förmliches Verhalten, Überkonformität: Herrscht ein Konflikt zwischen einem Mitarbeiter und dessen Führungskraft, traut dieser sich aus Angst vor negativen Konsequenzen oft nicht, den Konflikt offen anzusprechen. Stattdessen verhält er sich eher *überange-passt* oder betont freundlich.

- Körperliche Symptome, Krankheiten: Konflikte bringen körperliche Reaktionen wie Stress, erhöhten Blutdruck, Schwächung des Immunsystems, etc. mit sich. Treten diese körperlichen Reaktionen über lange Zeit auf, können Sie zu *echten* Krankheiten werden. Insofern können auch eine hohe Fluktuation und ein schlechtes Arbeitsklima Ausdruck von Konflikten sein.

Welche Rolle spiele ich als Führungskraft in einer Konfliktsituation?

Ihr Ziel als Führungskraft sollte es sein, die Konfliktsituation wieder in eine Verhandlungssituation zu verwandeln. Demnach besteht Ihre Herausforderung darin, alle beteiligten Konfliktparteien zu entemotionalisieren und deren Reaktionen wieder in einen angemessenen Rahmen zurückzuführen. Aus diesen Aufgaben lässt sich Ihre Rolle in einer Konfliktsituation sehr gut ableiten: Sie übernehmen die Rolle des Konfliktlösers. Dabei handelt es sich durchaus um eine Rolle, in die Sie aufgrund Ihrer Führungsposition öfter geraten und die für Sie unvermeidbar ist. Dabei ist für Sie die Rolle des Konfliktlösers keineswegs als harmlos einzuschätzen, denn je nachdem wie Sie diese Rolle ausfüllen, steht Ihre Reputation als Führungskraft auf dem Spiel. Für Sie bedeutet das vor allem, dass Sie in dem gesamten Konflikt eine äußerst gerechte Positionierung einnehmen sollten und solch eine Lösung des Konflikts herbeizuführen versuchen, dass am Ende keine der Konfliktparteien mit wesentlichen Vorteilen aus der Situation herausgeht.

Voraussetzung für die Übernahme der Rolle des Konflikt-lösers ist selbstverständlich Ihre persönliche Neutralität in der Konfliktsituation.

Tipp: Neutralität in der Führungsrolle

Sie sollten immer und in jedem Fall versuchen, nicht eine der Konfliktparteien zu sein, sonst fällt es Ihnen in Ihrer Führungsrolle sehr schwer, eine akzeptable Lösung zu generieren. Stellen Sie fest, dass Sie Teil des Problems sind, dann bitten Sie lieber jemand anderen, eine neutrale Person oder Ihre Führungskraft, zu moderieren und daran mitzuarbeiten, den Konflikt zu lösen.

Auf welchen Kommunikationsebenen können Konflikte liegen?

Generell gilt, dass alle Konflikte durch verschiedene Ebenen der *Tiefe*, die ein Konflikt erreichen kann, gekennzeichnet sind. Dabei ist auf allen Konfliktebenen eine Lösung möglich, sogar auf der letzten und tiefsten Ebene. Anhand der nachfolgenden Abbildung können Sie sich ein Bild über die vier Konfliktebenen machen.

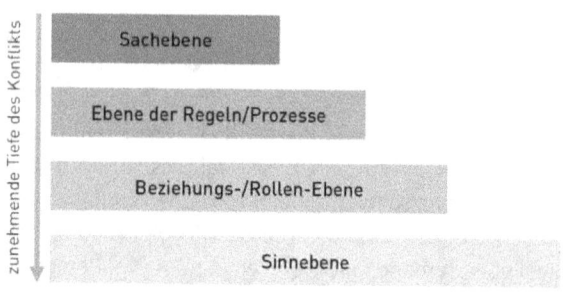

Abb. 5 : Die vier Konfliktebenen

1. Die Sachebene

Zu Beginn zeigen sich Konflikte im Allgemeinen auf der Sachebene. Hier werden zunächst Argumente ausgetauscht, Meinungen einander gegenübergestellt und Sichtweisen verglichen, bewertet oder sogar entwertet. Zu diesem Zeitpunkt geht es in einem Konflikt (vordergründig) noch um den Widerspruch in der eigentlichen Sache. Im Laufe der Zeit intensivieren sich dann aber die Anstrengungen von mindestens einer der Konfliktparteien. Stellen Sie sich darauf ein, dass es jetzt lauter werden kann, bereits gebrachte Argumente wiederholt und evtl. schärfer formuliert werden. Findet an dieser Stelle kein Nachgeben der Gegenpartei statt, was einer Konfliktlösung gleichkommen würde, wird im nächsten Schritt die Sachebene verlassen und die Ebene der Regeln aufgesucht.

2. Die Ebene der Regeln

Auf der zweiten Konfliktebene werden die grundsätzlich geltenden Regeln thematisiert, nach denen bei solch einem Konflikt vorgegangen werden soll. Hilfreich ist es für Sie in dieser Situation, wenn Sie gemeinsam mit Ihren Mitarbeitern bereits im Vorfeld Regeln für den Konfliktfall aufgestellt haben, die besagen, was gut, richtig und zulässig ist. Ihnen als Führungskraft kommt an dieser Stelle im Konflikt die Rolle zu, eben jene Regeln zu suchen, deren Gültigkeit und Anwendung zu thematisieren bzw. neue Regeln für zukünftige Konfliktsituationen zu generieren.

3. Die Ebene der Beziehung

Ist es nicht gelungen, auf den vorhergehenden Ebenen eine Einigung zu erzielen, so verlagert sich der Konflikt zwangsläufig eine Stufe tiefer auf die Beziehungsebene. In dieser Konfliktphase wird die Beziehung zwischen den Konfliktparteien thematisiert. Haben Sie einen Konflikt mit einem Ihrer Mitarbeiter, wird sich das Thema auf dieser Ebene höchstwahrscheinlich um Vertikalität drehen. Diskussionsgegenstände sind häufig die Rolle, Aufgaben und Verpflichtungen des Mitarbeiters und in Relation dazu die Rolle, Aufgaben und Verpflichtungen von Ihnen als Führungskraft.

4. Die Sinn-Ebene

Auf dieser letzten möglichen Ebene werden schließlich die grundlegenden Fragen des *ob überhaupt* thematisiert. Wie Sie sicherlich bemerkt haben, wurde auf den vorangegangenen Ebenen versucht, den Konflikt über die Modifikation des *wie* zu lösen. Jetzt zu diesem Zeitpunkt stellen sich zwei andere Fragen:

1. Fühlen die Konfliktparteien sich noch den gemeinsamen Zielen verpflichtet?

2. Macht die Fortsetzung der Beziehung unter den gegebenen Umständen noch Sinn?

Doch auch auf dieser Ebene ist noch eine Konfliktlösung möglich.

Tipp: Generell sollten Sie Folgendes beachten:

Wandern Sie nicht zu schnell über die Ebenen, ziehen Sie trotzdem immer die nächste Ebene in Erwägung. Ihre Rolle als Vorgesetzter ist folgende: Wenn Sie sehen, dass der Konflikt auf einer Ebene verharrt und keine Bewegung oder kein Fortschritt erzielbar ist, dann ist es Ihre Aufgabe, die nächste Ebene anzusprechen.

Wie führe ich ein Konfliktgespräch?

Um einen Konflikt im Gespräch zu lösen, muss zunächst einmal eine Konfliktanalyse vorgenommen werden. Diese geht dem eigentlichen Lösungsprozess voraus und dient dazu, dass alle strittigen Punkte zur Sprache kommen. Theoretisch kann in einem Konflikt alles zu einem Streitpunkt gemacht werden. Streitpunkte und Ursachen vermischen sich dann in den Augen der Parteien aber immer wieder. Im Rahmen einer Konfliktanalyse kann es deshalb sehr sinnvoll sein, die strittigen Punkte von den einzelnen Parteien selbst benennen zu lassen. Ist dies möglich, haben Sie gleichzeitig fast eine gemeinsame Problemdefinition erreicht. Die Konfliktpunkte liegen dann offen auf dem Tisch und es lassen sich mögliche gemeinsame Ziele und Interessen der Konfliktbeteiligten ausfindig machen. Ist der Konflikt zwischen den Parteien schon stark festgefahren und die Fronten so verhärtet, dass die Beteiligten sich nur widerwillig an einen gemeinsamen Tisch setzen, empfiehlt es sich, einen Moderator als neutrale Instanz hinzuzuziehen. Was Sie in der Rolle eines Konfliktmoderators beachten sollten, erfahren Sie in der Beantwortung der Frage: „Was ist bei der Konfliktmoderation zu beachten?"

Bei der Konfliktanalyse im Gespräch können Sie sich an den folgenden Fragen orientieren:

1. Beziehen sich die Streitpunkte auf persönliche Ansichten oder auf objektive Sachverhalte?

2. Was ist der *springende Punkt*, auf den sich die Parteien versteifen?

3. Könnte der Konflikt aus einem anderen Bereich hierher verschoben worden sein?

4. Wie erleben Sie persönlich die Streitpunkte? Wie wichtig sind Ihnen diese Punkte?

5. Wie sehen die Konfliktparteien die Punkte?

6. Was bringen die Parteien vor, was ärgert sie, was stört sie?

Des Weiteren gilt es zu bestimmen, wer an dem Konflikt beteiligt ist und in welchem Verhältnis die Personen/Parteien zueinander stehen. Mit den anschließenden Fragen können Sie diese Punkte näher beleuchten:

1. Sind die Konfliktparteien einzelne Personen oder sind es organisierte Einheiten?

2. Was sind die wesentlichen Stärken und Schwächen der Konfliktparteien?

3. Wie definieren Sie die Beziehung der Konfliktparteien zueinander?

4. Sind die Konfliktparteien organisatorisch einander unter-/übergeordnet?

5. Gibt es Verbündete? Gibt es am Konflikt interessierte Dritte?

6. Fühlt sich eine Seite der anderen überlegen, unterlegen oder gleichwertig?

7. Welche persönlichen Eigenheiten zeichnen die Parteien aus?

Sobald Sie das Problem definiert haben, können Sie gemeinsam nach Lösungen suchen.

Anschließend werden die generierten Lösungswege gemeinsam bewertet und eine Entscheidung für einen Lösungsweg getroffen.

Zum Abschluss sollte der erzielte Konsens in Form einer Tätigkeitsliste oder eines Verhaltensvertrags schriftlich fixiert werden.

Prozess der Konfliktlösung

1. Konfliktanalyse
2. Problemdefinition
3. Gemeinsame Suche nach Lösungen
4. Gemeinsame Entscheidungsfindung
5. Schriftliche Fixierung des Konsens

Was ist bei einer Konfliktmoderation zu beachten?

Als Konfliktmoderator sind Sie den Inhalten gegenüber neutral, aber dem Prozess gegenüber parteiisch eingestellt. Das bedeutet, dass Sie die Inhalte nicht bewerten, aber darauf achten, dass der Lösungsprozess nach klaren Regeln verläuft. Wird der Prozess torpediert oder sabotiert, müssen Sie einschreiten und unter Umständen auch hart durchgreifen.

Wichtige Punkte zur Konfliktmoderation

- Planen Sie ausreichend Zeit ein.
- Sorgen Sie für eine ruhige und ungestörte Atmosphäre.
- Stellen Sie Stühle und Tische nicht so, dass sich Kontrahenten gegenüber sitzen.
- Verdeutlichen Sie Ihre Position und Aufgabe als Moderator.
- Definieren Sie den Zeitrahmen des Gesprächs.
- Konzentrieren Sie sich in der Diskussion auf das Wesentliche.
- Vereinbaren Sie Regeln für die Gesprächsführung.
- Setzen Sie positive Anreize für eine Konfliktbeseitigung.
- Befördern Sie Irrationales und Aggressives zu Tage.
- Trennen Sie zwischen Sach- und Beziehungsebene.
- Überprüfen Sie immer wieder Ihre eigene Grundeinstellung: Sehen Sie beide Kontrahenten wirklich als gleich an und behandeln Sie beide Parteien äquivalent?

Die Aufgabe des Konfliktmoderators ist komplex und anspruchsvoll. Es gilt gut zu überlegen und abzuwägen, ob Sie als Führungskraft die Konfliktmoderation übernehmen sollten. Reichen Ihre Kompetenzen? Ist Ihre Rolle und Positionierung so, dass Sie diese nicht gefährden? Werden Sie als Moderator akzeptiert? Sind Sie wirklich neutral? Eine Konfliktmoderation zwischen zwei Mitarbeitern kann Sie schnell zum Verlierer in Ihrer Positionierung als Führungskraft machen, wenn Ihnen doch hinterher mangelnde Neutralität vorgeworfen wird.

Durch dieses Buch aus der grow.up.-Reihe *Führung TO.GO.* sollten Sie jetzt das Basiswissen darüber erhalten haben, wie Sie Ihre Mitarbeiter durch eine gute Kommunikation erfolgreich führen können. Dazu gehört unter anderem, dass Sie das nötige Wissen dafür haben, wie Sie sich auf ein Gespräch vorbereiten und dieses überzeugend durchführen können.

Zudem haben Sie gelernt, wie Sie in konfliktären Situationen als Führungskraft agieren sollten. Sie haben nicht nur die verschiedenen Konfliktebenen, auf denen sich ein Konflikt abspielen kann, kennengelernt, sondern auch die richtige Vorgehensweise in einem Konfliktgespräch sowie bei einer Konfliktmoderation.

Auch wenn es an der einen oder anderen Stelle sicherlich noch Vertiefungsbedarf gibt, sollten Sie für die ersten Schritte in dem Themenbereich professionelle Führung durch Kommunikation gut gewappnet sein.

In unserem Kunden-Login auf unserer Homepage können Sie sich **weiterführendes Material zu Ihrer Verwendung downloaden**. Verwenden Sie hierfür die nachfolgenden Login-Daten unter **https://kl.grow-up.de/wp-login.php:**

Benutzername: Kommunikation

Passwort: erfolgreichführen

Weitere Informationen und spannende Themen finden Sie auch auf unserer Website unter **www.grow-up.de**.

Besuchen Sie unseren Blog unter **blog-grow-up.de**. Wir schreiben zu Management-, Führungs- und Personalthemen, heiß diskutierten Tools, wie z. B. Design Thinking, Digitalisierung und vielen weiteren für Sie relevanten und interessanten Themen.

Entdecken Sie die E-Learning Kurse in unserer grow.up. Academy **www.academy.grow-up.de**.

Auch in den sozialen Medien sind wir vertreten. Gerne bleiben wir so mit Ihnen in Kontakt.

Unseren **YouTube-Kanal** finden Sie unter folgendem QR-Code:

  Hier finden Sie **weiterführende Videos.**

Oder besuchen Sie uns auf **Facebook** oder **Instagram**:

 Senden Sie uns Ihre Meinung/Anmerkungen/Fragen zu unserem Buch entweder per Mail an **lorenz@grow-up.de** oder machen Sie uns die Freude, und hinterlassen Sie uns Ihre Rezension direkt auf amazon.de.

Ihre Rezension

Vielen Dank!

Das LUXXprofile

Woran erkenne ich, ob der Mitarbeiter die richtigen Motive für den Job mitbringt? Wie kann ich herausfinden, welche Motive mein Mitarbeiter hat?

Fragen der Mitarbeiterzufriedenheit und -motivation werden viel diskutiert, beschäftigen Unternehmen und Forschung und stellen Führungskräfte vor eine große Herausforderung. Viele Fragen der unternehmerischen Leistungsfähigkeit stehen in engem Zusammenhang mit der Mitarbeiterzufriedenheit und -motivation:

- Wie können wir schon im Vorfeld an den Aussagen eines Bewerbers ablesen, ob dieser zum Job passt und dauerhaft zufrieden sein wird?

- Wie können wir unser Führungsverhalten hinsichtlich Kommunikation und Zusammenarbeit an die Motive der Mitarbeiter anpassen, um eine größere Motivation zu erreichen?

- Was müssen wir beachten, um Veränderungsprozesse erfolgreich zu gestalten?

... und vieles mehr.

Ein lösungsorientiertes und zielführendes Vorgehen für die Beantwortung dieser und ähnlicher Fragen, aber auch für Ihre ganz persönliche Entwicklung, bietet die dynamische Persönlichkeitstheorie und das darauf basierende LUXXprofile. Dieses basiert auf den modernen Ansätzen der Motivationspsychologie und Grundgedanken der positiven Psychologie. Es wurde im Rahmen umfangreicher Forschungsarbeiten in 2016/2017 vom Team um Prof. Samuel Greif und Dr. Christoph J. Kemper an der Universität Luxemburg entwickelt. Dieser innovative Ansatz erlaubt nicht nur klare Aussagen dazu, was einen Menschen ganz konkret motiviert. Aus der Kenntnis der individuellen Motivationsprofile ergibt sich ein direkt umsetzbarer unternehmerischer Nutzen für verschiedene Anwendungsgebiete.

Unsere Leistung für Sie:

Unter Verwendung des LUXXprofile bieten wir Ihnen Unterstützung...

- in der Personalauswahl und Potenzialeinschätzung,

- in der Führungskräfteausbildung und im Führungskräftecoaching,

- in individuellen Coachings und in der individuellen Karriereplanung.

Wir erarbeiten mit Ihnen gemeinsam tragfähige Lösungen...

- für eine Personalauswahl, bei der die Motive eines Menschen berücksichtigt werden,

- für kritische Situationen der Mitarbeiterführung und – motivation,

- für Fragen des Teambuildings und der Zusammenarbeit,

- in Konfliktsituationen.

Das LUXXprofile bildet die fundamentalen Motive und Werte eines Menschen ab und ermöglicht so ein umfassendes (Selbst- und Fremd-)Verständnis. Es wird verständlich, ... :

- warum ein Mensch auf einen bestimmten Job passt oder auch nicht,

- was seine Persönlichkeit prägt,

- was ich als Führungskraft tun kann, um die persönliche Zufriedenheit, Effizienz und Leistungsfähigkeit durch passende Personalentwicklungsmaßnahmen zu optimieren,

- warum es in der Zusammenarbeit immer wieder zu Missverständnissen mit anderen kommt.

Weitere Informationen zum LUXXprofile finden Sie bei uns unter www.grow-up.de. Gerne stehen wir Ihnen auch telefonisch unter 02354/70890-0 zur Verfügung.

Literaturempfehlungen

Eichsteller, H. & Lorenz, M.: Fit für die Geschäftsführung im digitalen Zeitalter. Souveräne Performance in 8 Schritten. Frankfurt a. M.: Campus Verlag, 2019

Lorenz, M.: Generation Young – Wie sie denkt. Wie sie arbeitet. Göttingen: BusinessVillage, 2019

Lorenz, M.: Digitale Führungskompetenz. Wiesbaden: Springer Gabler Verlag, 2019

Lorenz, M., Rohrschneider, U.: Praxishandbuch Mitarbeiterführung. 4. Aufl. Freiburg: Haufe-Lexware Verlag, 2022

Lorenz, M., Rohrschneider, U.: Praktische Psychologie für den Umgang mit Mitarbeitern. 2 Aufl. Wiesbaden: Springer Gabler Verlag, 2014

Rohrschneider, U.: Sinnhaft führen: Mehr Leistungsfreude mit weniger Führungsaufwand. Wiesbaden: Springer Gabler Verlag, 2020

Entdecken Sie weitere spannende und hilfereiche Bücher der **grow.up.-Reihe *Führung TO.GO.*** auf amazon.de:

- Erfolgreiche Führung durch Storytelling, ISBN: 979-8337841717
- Junge Generationen wirksam führen, ISBN 979-8-308 001 089
- Erfolgreiche Führung durch Resilienz und Stressmanagement, ISBN: 979-8328985710
- Wertschätzung als Instrument guter Führung, ISBN: 979-8322682387

- Coachingkompetent als Führungskraft,
  ISBN: 979-8393644987
- Erfolgreiche Führung mit dem Vierfarben-Modell,
  ISBN: 978-1540333735
- Professionelle Personalauswahl und -entwicklung,
  ISBN: 978-1516867226
- Erfolgreiche Führung durch Selbstführung,
  ISBN: 978-1523421688
- Erfolgreiche Führung durch Motivation,
  ISBN: 978-1517749477
- Erfolgreiche Führung durch Kommunikation,
  ISBN: 978-1523423682
- Feedbackkompetenz für Führungskräfte,
  ISBN: 978-1548914868
- Erfolgreiche Führung durch Delegation,
  ISBN: 978-1518717291
- Erfolgreiches Verhandeln für Führungskräfte,
  ISBN: 978-1544271309
- Leadership Culture. Führungskultur verstehen und
  leben, ISBN: 978-1983590245
- Leadership Culture. Im Konsens zum Ziel in der
  Kuschelecke, ISBN: 978-1983591112
- Agilität einfach erklärt, ISBN: 979-8610628653
- Scrum einfach erklärt, ISBN: 979-8619242232
- Design Thinking einfach erklärt, ISBN: 979-8652370466

Die Autoren

 **Michael Lorenz** ist Geschäftsführer der grow.up. Managementberatung GmbH in Gummersbach. Vorher war er langjährig Geschäftsführer und Partner der Kienbaum Management Consultants GmbH und leitete den Geschäftsbereich Human Resources Management.

Michael Lorenz berät nationale und internationale Kunden seit 1988 in Fragen der Strategie, der Personalentwicklung und der Management-Diagnostik. Schwerpunkte seiner Arbeit liegen in der Prozessbegleitung und Moderation von strategischen Neuausrichtungs- und Umstrukturierungsprozessen sowie in der Ausrichtung von Servicebereichen. Weitere Schwerpunkte liegen in Trainings und Workshops für Manager und Führungskräfte in den Themenfeldern Management, Führung und Vertrieb und in der Konzeption, Implementierung und Projektleitung bei Personalentwicklungsprojekten.

In individuellen Coachings begleitet Michael Lorenz Manager bei persönlichen Veränderungs- und Entwicklungsprozessen in Führungs- und Positionierungsfragen. Er hat zahlreiche Artikel und Bücher zum Themenfeld Management, Führung und Human Resources veröffentlicht.

 **Dr. Saskia Lucht** ist seit 2012 Beraterin und Trainerin bei der grow.up. Managementberatung GmbH in Gummersbach. Sie studierte Psychologie mit dem Schwerpunkt Arbeits-, Betriebs- und Organisationspsychologie an der RWTH Aachen und absolvierte im Anschluss an das Studium die Promotion der Psychologie ebenfalls an der RWTH Aachen.

Die Beratungs- und Tätigkeitsschwerpunkte von Frau Dr. Saskia Lucht liegen im Bereich der HR-Systeme und -Instrumente in der Konzeption von Personalentwicklungsinstrumenten, der Diagnostik (Durchführung und Auswertung von Persönlichkeitsfragebögen und Testverfahren), im Führen von Auswertungs- und Entwicklungsgesprächen, in der Entwicklung von Mitarbeiterbeurteilungs- und Zielvereinbarungsinstrumenten, in der Konzeption, Implementierung und Auswertung von Feedback-Instrumenten (Mitarbeiter/Führungskräfte/360°) sowie in der Konzeption und Begleitung von Auswahl- und Potenzialanalyseverfahren (Assessment Center, Orientierungscenter).

Trainings- und Workshopschwerpunkte liegen in den Themenfeldern Führung, Kommunikation, Selbst-, Stress-, Zeitmanagement, Personalmarketing und -auswahl.
Des Weiteren konzipiert und begleitet Frau Dr. Lucht Führungs- und Projektplanspiele sowie Train-the-Trainer Qualifizierungen.

Dr. Saskia Lucht ist Reiss Profile® Master.